HENRY MURGER

MURGER

HISTOIRE CONTEMPORAINE

Portraits et Silhouettes au XIXe siècle

HENRY MURGER

PAR

EUGÈNE DE MIRECOURT

69

Troisième édition

PARIS

LIBRAIRIE DES CONTEMPORAINS

13, RUE DE TOURNON

Et chez tous les libraires de France et de l'Étranger

1869

HENRY MURGER

Henry Murger est né à Paris le 24 mars 1822, dans une maison de la rue Saint-Georges dont ses parents étaient concierges. Un propriétaire chez lequel ne brillaient ni le sentiment de l'humanité ni celui de la reconnaissance, après avoir eu le pauvre ménage à son service pendant trente-cinq ans, le jeta tout d'un coup sur le pavé, dans un jour de fantaisie brutale. Heureusement la Providence est là pour réparer l'absence de cœur et les sottises de messieurs les bourgeois de Paris. Elle ouvrit une loge plus vaste, rue des Trois-Frères, à la famille exilée. Notre concierge y monta un petit atelier de tailleur.

Si les fées ne viennent plus s'asseoir au berceau des hommes pour prédire à chacun de nous sa condition future, elles cèdent la baguette magique aux circonstances, et nous voyons celles-ci conduire ostensiblement Henry Murger à sa destinée d'artiste. Le premier étage de la maison de la rue des Trois-Frères était habité par Garcia, père de la Malibran. Garcia mourut en 1832; Lablache et Baroilhet vinrent tour à tour loger au même étage. Des deux maisons voisines, l'une appartenait au peintre Isabey, l'autre à M. de Jouy, de l'Académie

française. Jouy, vieux classique édenté,
suant le matérialisme dans une peau vol-
tairienne, s'était sacrilégement avisé d'é-
lever un temple au patriarche de Ferney.
Ce temple, d'une abominable architecture
grecque, avait un frontispice criblé de
rimes toutes en l'honneur du père de la
Pucelle, et formait le principal ornement
du jardin. Dans son cabinet, sous un
énorme globe en verre, le maître de la
maison montrait avec orgueil la toge et la
perruque de *Sylla*[1], « portés si noblement,
disait-il, par le grand tragédien que la Comédie-Française ne remplacera jamais. »
La bibliothèque du vieil auteur était fort
originale. Elle se composait de huit ou dix
rangées de flacons affectant la forme de
livres, et contenant des vins exquis ou de

1. Pièce médiocre de M. de Jouy, que Talma re-
leva par son jeu.

fines liqueurs. Au dos de chaque volume on lisait : *Esprit de Montesquieu*, — *Esprit de Rousseau*, etc.

M. de Jouy, comme toute la peuplade d'artistes, avait pris en affection le jeune Murger. La Malibran faisait danser sur ses genoux le fils de son concierge. Henry partagea les jeux d'enfance de Pauline Garcia, et, si nos lecteurs ont la curiosité d'en apprendre davantage, ils trouveront à la fin des *Scènes de la vie de jeunesse* [1], une charmante nouvelle qui a pour titre *Premières Amours d'un jeune bleuet*. Cette nouvelle est de l'autobiographie toute pure. Le héros est Murger en personne à l'âge de dix ans. Sa mère l'habillait en bleu de la tête aux pieds, ce qui explique le surnom de *Bleuet* que lui donnait tout le

1. Publiées par Michel Lévy frères.

voisinage. Quant à l'héroïne de ces précoces amours (elle va sourire en lisant son nom), c'était la délicieuse jeune fille qui, depuis, est devenue madame Thalberg.

Henry, jusqu'à sa treizième année, suivit les cours d'une école élémentaire. Possédant une orthographe passable et une coulée magnifique, on l'envoya chez un avoué, M. Cadet de Chambine, pour y remplir les humbles fonctions de petit clerc.

Trois ans plus tard, en 1838, M. de Jouy le fit entrer, comme secrétaire intime, chez ce fameux comte Tolstoy dont nous avons parlé dans la biographie de mademoiselle Georges. Le comte exerçait à Paris une mission double. Officiellement il était chargé de correspondre avec le prince Ouwaroff, ministre de l'instruction publique à Saint-Pétersbourg et lui envoyait des notes sur tout ce qui se passait à l'université de France ; mais, officieusement, M. Tolstoy était le surveillant politique du czar, auquel il adressait une foule de dépêches sous le couvert du comte de Benkendorff, son favori. Notre jeune secrétaire transcrivait ces dépêches. Bientôt le patron lui trouva trop d'intelligence et jugea convenable de faire lui-même la besogne. L'emploi de Murger devint une franche sinécure. Il consacrait tout son temps à lire les poésies de Victor Hugo et à s'exercer à la rime, en étudiant ce grand maître de l'art moderne.

Quelques numéros de la *Némésis* étant tombés sous la main du jeune homme, il se prit d'une belle indignation contre Barthélemy, que toute la presse accusait d'avoir renié son premier culte politique.

M. Tolstoy faisait alors imprimer un livre sur la législation russe. Henry obtint de l'imprimeur, comme gratification, la mise au jour d'une satire de cent soixante vers, où Barthélemy était rudement houspillé. Fidèle à la couleur de son enfance, Murger se décide à orner d'une splendide couverture bleue cette première élucubration de sa muse. Il porte lui-même les feuilles chez le brocheur. Le lendemain, il y retourne pour chercher des exemplaires. Pénétrant dans l'atelier de brochage, il aperçoit un monsieur qui lit ses vers avec beaucoup de calme. On peut même deviner sur ses lèvres l'intention d'un sourire. Ce monsieur lève la tête juste pour surprendre un signe expressif adressé à l'arrivant par le chef d'atelier.

— Ah ! ah ! s'écrie-t-il, voici notre auteur satirique, sans doute ?

Le secrétaire du comte Tolstoy, qui n'a rien compris à la pantomime du brocheur, salue en guise d'affirmation.

— Vous semblez fort jeune? lui demande le monsieur.

— J'ai dit-sept ans, répond Murger.

— Alors vous êtes pardonnable... C'est de la poésie comme on en fait à votre âge : mauvaises rimes, consonnances choquantes... Écoutez plutôt! Je prends quatre vers au hasard :

Pour moi, poëte enfant, quand je lis *Némésis*.
Par l'admiration tous mes sens sont sais*is*.
Et, mettant à profit ma jeune poé*sie*,
J'admire l'apostat, mais non l'aposta*sie*.

Outre ces terminaisons désagréables à l'oreille, sentez-vous qu'il faudrait, au second vers, prononcer *saisisse*, afin de ne pas rimer uniquement pour l'œil ? Je ne parle ici que de la forme. Quant au fond, vous comprendrez que je ne puis être juge dans ma propre cause.

— Ah ! mon Dieu ! balbutia Murger, seriez-vous ?...

— Je suis Barthélemy, pour vous servir et renouveler, quand il vous plaira, cette leçon de prosodie... J'ai bien l'honneur de vous tirer ma révérence !

Murger était sous l'empire d'une humiliation profonde. Il emporta ses brochures, mais pour les jeter au feu jusqu'à la dernière.

Chez le comte Tolstoy, il touchait quarante francs par mois. Le chiffre était modeste. Néanmoins il dépassait de beaucoup encore la juste rémunération des travaux du jeune homme, qui n'avait absolument rien à faire. En le voyant se destiner aux lettres, le grand seigneur russe pensa que cette petite pension ne lui serait point inutile. Murger la conserva dix années consécutives, et jamais il ne parlait du comte sans un vif sentiment de gratitude. Au bout de la troisième année, il n'entrait plus chez son patron, logé à l'hôtel de Montmorency, qu'à la fin de chaque mois, pour y toucher ses appointements et pour lui porter les publications nouvelles, avec la facture du magasin de librairie où il les achetait par ordre.

Murger avait permission de couper les feuillets de chaque ouvrage et de le lire; puis on envoyait les volumes à Pétersbourg [1]. Les nombreuses lectures, à dé-

1. A l'époque où furent publiés *les Girondins*, il fallut les expédier huit fois avant qu'ils parvinssent au czar. Les ministres russes et leurs moitiés les interceptaient au passage. Quand tout le monde fut servi, l'autocrate les reçut.

faut d'études classiques, lui donnèrent un
style et le mirent au courant de toutes les
ressources de la langue. Il était encore
chez M. Tolstoy quand éclata la Révolution de février.

Murger vint annoncer au comte la prise
des Tuileries. En même temps il lui ap-
porta la liste du gouvernement provisoire.
Les dépêches, ce jour-là, furent si nombreuses, que M. Tolstoy pria son secrétaire de l'aider un peu. Cela tombait mal.
Depuis dix-huit mois environ, *l'Artiste*,
d'une part, et *le Corsaire*, de l'autre,
avaient accepté quelques nouvelles du
jeune homme, et le second journal pu-
bliait justement alors un feuilleton de lui,
sous ce titre : *Orbassan le Confident*.
L'auteur donnait sa copie au jour le jour.
Ne voulant pas désobliger le comte, il se
mit à rédiger tout à la fois les dépêches

et le huitième chapitre de sa nouvelle, que
les compositeurs attendaient à l'imprimerie. Ce travail achevé, Murger prit de
la cire et cacheta les missives; mais, dans
sa précipitation, il glissa le huitième chapitre d'*Orbassan* sous l'enveloppe destinée au czar, et la dépêche du czar
sous l'enveloppe destinée au *Corsaire*.
Viremaître, directeur du journal, tomba
des nues en lisant la lettre suivante :

« Sire,

« La révolution triomphe. A l'heure où
je trace ces lignes, le peuple, maître des
Tuileries, y porte le saccage et la désola-
tion. Louis-Philippe et sa famille sont en
fuite. MM. de Lamartine, Ledru-Rollin,
Louis Blanc, Marrast et consorts, assem-
blés à l'Hôtel-de-Ville, y règlent les des-
tins de la France, etc. »

Si Viremaître fut étonné, le czar dut l'être bien davantage en recevant, au lieu des importantes nouvelles qu'il attendait, une longue tartine dialoguée, portant au dernier feuillet ces mots sacramentels : *La suite au prochain numéro*. Le petit-fils de Pierre le Grand eut l'indélicatesse de ne point renvoyer à Murger sa copie.

Le jeune auteur entrait alors dans sa vingt-sixième année et l'horizon littéraire commençait à lui ouvrir d'assez belles perspectives. On lui commandait des travaux, mal payés sans doute, mais autour desquels la publicité agitait ses ailes sonores.

Au moment où il avait le plus d'occupation, le comte Tolstoy le fit demander à l'hôtel de Montmorency. Un vieil amiral russe était venu tout exprès de Saint-Pétersbourg, afin d'étudier à Paris le droit

civil, et principalement la partie qui traite
des cours d'eau et de la mitoyenneté.
M. Tolstoy jugea convenable de lui prêter
son secrétaire. Celui-ci, non-seulement
dut venir en aide au compatriote du comte
dans ses recherches, mais encore il eut
mission de lui lire quantité d'ouvrages
relatifs à un sujet d'étude absolument
étranger aux belles-lettres. Cela devenait
d'un soporifique affreux. Tout le temps
de Murger était usurpé par cette besogne
assommante. Il n'avait plus une minute à
consacrer à ses feuilletons. Essayant de
recourir à la feinte, il eut l'air d'être
pris d'un rhume opiniâtre. Mais le vieux
Russe ne sembla pas compatir le moins
du monde à ses quintes de toux. Bref, à
bout de patience, et voyant que l'amiral
s'obstinait à ne lui laisser ni repos ni
trève, Murger envoya dire un beau matin
à l'hôtel de Montmorency que son rhume

dégénérait en fluxion de poitrine. A dater de cette époque, on ne le vit plus entrer chez le comte, même pour y palper ses honoraires.

Ces détails nous ayant fait glisser un peu vite sur les débuts de l'écrivain, nous retournons à cinq ou six années en deçà du point biographique où nous sommes.

La rime, chez Murger, fut longtemps une passion malheureuse. Il n'avait aucune sympathie pour la prose, et la regardait comme indigne d'un auteur qui se respecte. Son aventure avec Barthélemy ne lui inspira que plus vivement le désir d'escalader les élévations du Parnasse. Nous le voyons, à l'âge de vingt et un ans, colporter d'éditeurs en éditeurs un manuscrit versifié qui avait pour titre *Via dolorosa*. C'était une sorte de *Vie de Bohème* sous la forme lyrique. Aucun li-

braire ne voulut publier ce livre, dont
nous retrouvons l'extrait suivant dans un
petit journal de théâtre, mort en 1843.

Deux routes à mes pas s'ouvrent : dans la première
Marche, en se coudoyant, une foule vulgaire,
Des ambitieux nains, des esprits routiniers,
Gens d'étroite cervelle et d'appétits grossiers,
Tous pétris et formés d'une argile commune,
Tous par quelque trafic courant à la fortune,
Et quelques-uns parfois obtenant sa faveur
En prenant des sentiers trop étroits pour l'honneur
L'autre route, plus vaste, est la route choisie
Où, dans tous ses détours suivant leur fantaisie,
A travers des clameurs de louange ou d'affront,
Cheminent gravement, touchant le ciel du front,
Couronnés de lauriers ou couronnés d'épines,
Tous les hommes créés pour les choses divines ;
Tous les esprits d'élite et les vastes cerveaux
Sortis d'un moule où Dieu s'est créé des rivaux ;
Tous ceux dont la pensée est une urne profonde
Qu'ils ont la mission de verser sur le monde,
Et qui peuvent crier quand ils meurent : « Voilà
Que le monde a perdu tout ce que j'avais là ! »
Cette seconde route, immortelle et sacrée,
C'est la route de l'art.... etc.

Murger était alors un poëte démocrate avec une teinte légèrement classique. Voyant les éditeurs s'obstiner dans le refus de ses chefs-d'œuvre, et ne recevant de son patron russe qu'une somme insuffisante pour l'habit, la nourriture et le logement, il essaya d'accroître son budget en se livrant à la peinture. On a de lui des aquarelles à faire dresser les cheveux. Champfleury rencontra pour la première fois celui qui devait être un jour son plus intime camarade au milieu d'une horde indescriptible d'auteurs tragiques méconnus et de Michel-Ange en guenilles. Tous ces peintres avaient des noms bizarres.

L'un s'appelait Chien-Caillou, un autre s'appelait Lazare, un troisième le Christ, un quatrième le Gothique. Parmi les auteurs de tragédies se trouvait le

fameux Leliou[1], qui ne déclamait jamais
ses vers sans avoir préalablement orné sa
nuque du significatif bonnet rouge. Lié
presque aussitôt avec Murger, Champfleury le retira de ce guêpier de la bohème
démocratique. Il le fit rougir de ses aquarelles et condamna ses rimes avec une
implacable rigueur.

— Malheureux ! lui dit-il, écris en
prose, ou tu ne gagneras jamais ta vie !

Stimulé par le futur auteur de *Mademoiselle Mariette*, Murger divorça brusquement avec la muse. Les deux amis
composèrent des vaudevilles pour le
Théâtre du Luxembourg, vulgairement
appelé Bobino. M. Tournemine, alors à
la tête de cette vaste administration

1. Ce Corneille du dix-neuvième siècle eut une
pièce en cinq actes jouée trois fois à l'Odéon.

dramatique, lisait les pièces au contrôle
et recevait les auteurs en délivrant des
contremarques.

Champfleury et Murger demeuraient
ensemble. Depuis Oreste et Pylade on
n'avait pas vu d'amitié plus étroite et plus
sincère. Ils s'accordaient admirablement
pour tout au monde, excepté pour le
travail, dans lequel ils ne purent jamais
apporter la moindre unité. Champfleury
travaillait le jour, et Murger ne pouvait
travailler que la nuit, au milieu d'une
consommation de demi-tasses à épouvanter
l'ombre de Balzac. Dans les *Contes d'automne* on trouve une lettre délicieuse où
Champfleury fait l'histoire de ce singulier
ménage.

« Il y a neuf ans, nous demeurions ensemble, écrit-il à Murger, et nous possé-

dions à nous deux *soixante-dix* francs par mois. Pleins de confiance dans l'avenir, nous avions loué, rue de Vaugirard, un petit appartement de *trois cents* francs. La jeunesse ne calcule pas. Tu avais parlé à la portière d'un mobilier si somptueux, qu'elle te loua sur ta bonne mine, sans aller aux renseignements. Tu apportas six assiettes, dont trois en porcelaine, un Shakespeare, les œuvres de Victor Hugo, une commode hors d'âge et un bonnet phyrgien. Par le plus grand des hasards j'avais deux matelas, cent cinquante volumes, un fauteuil, deux chaises et une table, de plus une tête de mort. Les huit premiers jours se passèrent de la façon la plus charmante. On ne sortait pas, on travaillait, on fumait beaucoup. Je retrouve dans mes papiers une note sur laquelle ces mots sont écrits :

BÉATRIX,

Drame en cinq actes,

PAR HENRI MURGER

Représenté sur le théâtre de...

le... 18...

« Cette page a été arrachée d'un énorme cahier blanc ; car tu avais la mauvaise habitude d'user tout le papier à faire uniquement des titres de drames. Tu mettais sérieusement le fameux mot *représenté*, afin de juger de l'effet du titre. Vinrent les jours de grande disette. Après une longue discussion, nous accablant l'un et l'autre de reproches sur la folle prodigalité que nous apportions en tout, il fut convenu qu'aussitôt la rente de soixante-dix francs touchée, l'on tiendrait un compte sévère des dépenses. Or, ce LIVRE DE COMPTE, je le retrouve aussi dans mes papiers. Il est simple, touchant, laconique, plein de souvenirs. Nous étions d'une grande honnêteté le 1er de chaque mois. Je lis au 1er novembre 1843 : « Payé à madame Bastien pour dû de tabac, « deux francs. » Nous payons aussi l'épicier, le restaurant, (il y a *restaurant !*), le charbonnier, etc. Le 1er est un jour d'allégresse ; je lis : « Dépensé au café trente-cinq centimes » ; folle dépense qui dut me valoir le soir une série de remontrances. Ce jour-là tu achetas (j'en suis effrayé !) pour soixante-cinq centimes de pipes.

« Le 2 novembre, on donne une forte somme à la blanchisseuse : cinq francs. Je passe le pont des Arts comme un membre de l'Institut, et j'entre fièrement au café

Momus. Nous avions découvert ce bien-
faisant établissement, qui fournissait une
demi-tasse à vingt-cinq centimes.

« Le 3 novembre, tu décides que, pendant la durée des soixante-dix francs, nous
ferons nous-mêmes la cuisine. En consé-
quence tu achètes une marmite (quinze
sous), du thym et du laurier. Ta qualité
de poëte te faisait trop chérir le laurier :
la soupe en était constamment affligée. On
fait provision de pommes de terre. Toujours du tabac, du café et du sucre. Il y
eut des grincements de dents et des ma-
lédictions quand il s'agit d'inscrire les
dépenses du quatrième jour de novembre.

« Pourquoi me laissais-tu sortir les poches si pleines d'argent? Toi, tu étais allé
chez Dagneaux dépenser vingt-cinq centimes. — Que diable pouvait fournir Da-

gneaux pour vingt-cinq centimes ? — Ah !
combien coûtent les moindres plaisirs !
Sous prétexte d'aller entendre gratis un
drame d'un habitant de Belleville, je pris
deux omnibus, un pour aller, un pour re-
venir. Deux omnibus ! Je fus bien puni de
cette prodigalité : par une poche trouée
prirent la clef des champs trois francs
soixante-dix centimes. Comment osai-je
rentrer et affronter ta colère ? Déjà les
deux omnibus valaient une dure admo-
nestation ; mais les trois francs soixante-
dix !.... Si je n'avais commencé par te
désarmer en te racontant le drame belle-
villois, j'étais perdu.

« Et cependant, le lendemain, sans
songer à ces pertes terribles, nous prêtons
à G***, qui semble réellement nous prendre pour ses banquiers (la maison Murger
et Compagnie), une somme énorme,

trente-cinq sous. Je cherche par quels moyens insidieux ce G*** était parvenu à capter notre confiance, et je ne trouve que l'inexpérience d'une folle jeunesse; car enfin, deux jours après, G*** a l'audace de reparaître et de demander encore une nouvelle somme.

« Jusqu'au 8 novembre, on fait exactement l'addition au bas des pages. Nous sommes à quarante francs soixante et un centimes. Là s'arrêtent les additions. Nous ne voulions plus sans doute trembler à la vue du total. Le 10 novembre, tu achètes un dé. Sans être grand observateur, il est facile de s'imaginer l'introduction momentanée d'une femme, quoique cependant quelques hommes aient l'adresse de recoudre leurs hardes dans des moments de loisir.

« A la date du 14, M. Crédit revient.

M. Crédit va chez l'épicier, chez le marchand de tabac, chez le charbonnier. M. Crédit n'est pas trop mal accueilli ; il a même du succès, sous ta forme, auprès de la demoiselle de l'épicière. Est-ce qu'au 17 novembre M. Crédit est mort ? Je vois écrit à la colonne AVOIR : « Redingote... trois francs. » Ces trois francs viennent du Mont-de-Piété. Quel être inhumain que ce mont qu'on devrait appeler le Mont-sans-Piété ! Nous a-t-il assez humiliés par la voix de ses commis ! J'avais engagé mon unique redingote, et cela pour prêter la moitié du prêt à l'incessant G***. Le 19 novembre, nous vendons des livres. La fortune nous sourit ; on mettra la poule au pot avec beaucoup de laurier. M. Crédit continue avec un grand sang-froid d'aller aux provisions. Il se présente partout jusqu'au 1er décembre, et paye intégralement ses dettes. Je n'ai qu'un regret, c'est de voir le petit registre s'interrompre brusquement après un mois ; rien que le mois de novembre, ce n'est pas assez ! Si nous l'avions continué, ce serait autant de jalons pour nous rappeler notre jeunesse. Beaux temps ! où, de notre petit balcon, nous voyions, de tout le jardin du Luxembourg, un arbre, — et encore il fallait se pencher [1] ! »

Cédant aux fatales exigences du terme, nos amis durent quitter bientôt leur modeste appartement de la rue de Vaugirard, et rentrer dans le taudis commun de la bohème, rue des Canettes, non loin du cabinet de lecture de l'excellente madame Cardinal [2].

Les Raphaël au nom baroque et le tra-

[1]. *Contes d'automne*, page 175 et suivantes. (Publiés par Victor Lecou.)
[2]. Voir la biographie de Champfleury.

gique Leliou n'étaient plus là ; mais il y
avait, en revanche, des artistes devenus
célèbres depuis, Bonvin, Courbet, Chin-
treuil, le musicien-peintre Schann', le
philosophe Wallon, le précepteur Barbara,
le chansonnier Pierre Dupont et une foule
d'autres. Barbara, Schann' et Wallon sont
photographiés dans *la Vie de Bohème*.
Wallon, le philosophe au paletot-noi-
sette, dont les poches se trouvent éternellement remplies de bouquins achetés
sur les quais, y joue son rôle sous le
pseudonyme antithétique de Colline. C'est
aujourd'hui l'un de nos écrivains spiri-
tualistes les plus remarquables. Quant à
Barbara, *la Revue de Paris* a imprimé de
charmantes nouvelles dues à sa plume. Il
ne pardonnait pas à Murger de l'avoir
mis en scène sous le nom de Barbemu-
che. Sa rancune fut persévérante et profonde ; il a écrit un livre intitulé *l'Assas-*

sinat du Pont-Rouge, où le Rodolphe de
la Vie de Bohème est traité comme un vil
chenapan. Schann', moins susceptible,
n'en voulut jamais à Murger de l'avoir
appelé Schaunard. Il a composé des
mélodies gracieuses sur *Musette*. Devenu
marchand de poissons, il a fait fortune.

Le romantisme triomphait dans la bohème. Champfleury seul et Courbet pro-
testaient au nom de la future école réaliste. Murger converti trépignait avec rage
sur son idole classique renversée. Dans le
culte du nouveau dogme, sa ferveur allait
jusqu'à l'exagération. Il n'admettait aucune espèce de règle, travaillait sans but,
au hasard, et composait des feuilletons ex-
travagants, dont le titre seul faisait bondir
Caampfleury. L'un des moins étranges
s'intitulait : *Amours d'un Grillon et
d'une Étincelle.* On amena graduellement

Murger au réalisme pour le fond ; mais il resta poëte dans la forme, et c'est là sans contredit une des plus heureuses transformations de son talent.

Toute la troupe des bohèmes se rassemblait au célèbre café Momus, situé près du journal des *Débats*, rue des Prêtres-Saint-Germain-l'Auxerrois. Ayant adopté une salle, ils ne tardèrent pas à la rendre inabordable au commun des habitués. Leurs allures excentriques effarouchaient le consommateur paisible. Ils versaient de l'encre dans les boîtes à chapelure, au grand scandale des joueurs de dominos, qui se noircissaient les ongles au contact du double-six. Tous les journaux de l'établissement devaient être apportés de grand matin dans la salle des bohèmes et le courroux de Rodolphe-Murger éclatait d'une façon terrible quand on s'était permis d'attenter à la virginité de la bande. Le garçon qui les servait devint idiot à la fleur de l'âge. C'est Rodolphe lui-même qui consigne le fait dans ses œuvres. Il n'y avait qu'un seul jeu de tric-trac dans l'établissement. Champfleury et le philosophe Colline osaient parfois l'accaparer de dix heures du matin à minuit, répondant à ceux qui le demandaient :

« — Le tric-trac est en lecture, qu'on repasse demain ! »

De jour en jour s'accumulèrent les griefs du maître du café. Ces griefs sont énumérés dans le onzième chapitre de *la Vie de Bohème*. A cette époque, c'est à dire en 1844, Murger était rédacteur en chef d'une feuille aussi obscure qu'indigente, appelée *le Moniteur de la Mode*. Il y insérait des nouvelles gratis et ses amis in-

triguaient pour avoir le même honneur ;
mais il n'y avait point assez de place. Il
fallut créer une succursale appelée *le
Castor*, journal des chapeliers, que Murger orna de la copie des bohèmes[1]. Or, le
maître du café Momus ayant refusé de s'a-
bonner à la nouvelle feuille, « M. Rodolphe et sa compagnie appelaient tous les
quarts d'heure le garçon et criaient : *Le
Castor !* apportez-nous *le Castor !* » Bon
gré, mal gré, l'estaminet dut prendre un
abonnement. Ce fut le premier grief ; il
devait être suivi de bien d'autres.

« Le peintre bohème Marcel, oubliant
qu'un café est un lieu public, s'est permis
d'y transporter son chevalet, sa boîte à
peindre et tous les instruments de son art.

Le Castor mourut parce qu'on n'y parlait pas de
chapeaux.

Il pousse même l'inconvenance jusqu'à y appeler des modèles de sexes divers.

« Suivant l'exemple de son ami, M. Schaunard parle de transporter son piano dans l'établissement, et n'a pas craint d'y faire chanter en chœur un motif tiré de sa symphonie *l'Influence du bleu dans les arts*. En outre, M. Schaunard y donne des rendez-vous à une dame qui s'appelle Phémie, et qui a toujours oublié son bonnet.

« Non contents de ne faire qu'une con-sommation très-modérée, ces messieurs ont essayé de la modérer davantage. Sous prétexte qu'il ont surpris le moka de l'é-tablissement en adultère avec la chicorée, ils ont apporté un filtre à esprit-de-vin, et rédigent eux-mêmes leur café, qu'ils édul-corent avec du sucre acquis au dehors à bas prix, ce qui est une insulte faite au laboratoire,

« Corrompu par les discours de ces messieurs, le garçon Bergami (ainsi nommé à cause de ses favoris), oubliant son humble naissance et bravant toute retenue, s'est permis d'adresser à la dame du comptoir une pièce de vers dans laquelle il l'excite à l'oubli de ses devoirs de mère et d'épouse. Au désordre du style, on a reconnu que cette lettre avait été écrite sous l'influence de M. Rodolphe et de sa littérature [1]. »

Or ceci est une grave erreur. Nous devons laver M. Murger de l'inculpation. L'audacieux Bergami n'avait ouvert son cœur à de criminelles espérances qu'après

1. *Vie de Bohème*, page 151 et suivantes.

avoir prêté l'oreille aux discours de Jean
Journet. Celui-ci, reçu malheureusement
au milieu de la société bohème, cherchait
à y développer le fouriérisme dans ses
plus érotiques applications. Ce fut à quelque temps de là que Champfleury trouva
l'apôtre prêchant aux genoux de Mariette.
Nous ne reproduirons pas une seconde
fois le scandale de l'anecdote [1].

Bref, le café Momus, affligé pendant
quatre ou cinq ans de la présence des
bohèmes, perdit toute sa clientèle. A la
Révolution de 1848, M. Louvet, son patron, fut à deux doigts de la ruine. Rodolphe et sa bande eurent des remords.
Après avoir perdu l'établissement, ils
cherchèrent à y ramener la foule, et
Champfleury, pour arriver à ce but, trouva

1. Voir la biographie de Champfleury.

dans son imaginative une rubrique mer-
veilleuse. Il faisait alors partie de la rédac-
tion de *l'Événement* et de celle du *Corsaire*. Tout à coup ces deux journaux an-
noncent, dans les nouvelles diverses, que,
chez M. Louvet, propriétaire du café Momus, on a découvert, au fond d'un gre-
nier, deux vieilles malles, toutes pleines
de manuscrits de l'auteur de *Faublas*. Les
autres feuilles parisiennes reproduisent le
canard avec le plus magnifique ensemble.
Tous les libraires affluent chez Momus.
Une multitude inouïe de curieux encom-
bre les salles. On y consomme du matin au soir, et les bohèmes, si longtemps
maudits, sont comblés de bénédictions [1].

---

1. M. Louvet, depuis, a acheté huit cent mille
francs le café de la Rotonde au Palais-Royal. Il
payait dix mille écus à l'ancienne liste civile d'Or-
léans rien que pour avoir le droit de *chaises* dans
le jardin.

Murger était entré avec Champfleury à *l'Artiste*, où Arsène Houssaye, compatriote de l'auteur des *Contes d'automne*, accueillit nos jeunes écrivains de la façon la plus sympathique.

Ensemble toujours ils firent leurs débuts au *Corsaire*. Viremaître, excessivement fort sur le chapitre de l'économie, leur payait en coupons de loges et en billets d'orchestre des articles où le génie de M. Ponsard était complétement méconnu. Les *Scènes de la vie de Bohème* parurent pour la première fois dans ce journal, au prix modeste de quinze francs le feuilleton. Cette originale étude, si pleine de vérité, si folle de joie, si ruisselante de larmes ; ces pages où le cœur déborde de sève, où l'illusion chasse une réalité pénible, où la vive jeunesse prend des ailes et saute gaiement le fossé de la misère pour ga-

gner l'avenir et l'espérance, méritent en
tous points le succès obtenu. Si le lecteur
ne se rend pas encore bien compte de ce
qu'il faut entendre par la vie de bohème,
Henry Murger va le lui expliquer en quelques lignes.

« La bohème, c'est le stage de la vie
artistique ; c'est la préface de l'Académie,
de l'Hôtel-Dieu ou de la Morgue. » Tout
homme qui entre dans les arts sans autre
moyen d'existence que l'art lui-même
sera forcé de passer par les sentiers de la
bohème ; et beaucoup de nos contemporains illustres se rappellent, en le regret-
tant peut-être, le temps où, gravissant la
verte colline de la jeunesse, ils n'avaient
d'autre fortune, au soleil de leurs vingt
ans, que le courage, qui est la vertu des
jeunes, et que l'espérance, qui est le
million des pauvres.

« Tous les chemins sont bons aux bohèmes; ils savent mettre à profit jusqu'aux
accidents de la route. Pluie ou poussière,
ombre ou soleil, rien n'arrête ces hardis
aventuriers, dont tous les vices sont dou-
blés d'une vertu. Leur existence de chaque jour est une œuvre de génie, un pro-
blème quotidien qu'ils parviennent toujours à résoudre à l'aide d'audacieuses
mathématiques. Ces gens-là se feraient
prêter de l'argent par Harpagon et auraient
trouvé des truffes sur le radeau de la *Mé-
duse*. Au besoin ils savent pratiquer l'abs-
tinence avec toute la vertu d'un anachorète;
mais qu'il leur tombe un peu de fortune
entre les mains, vous les voyez aussitôt
cavalcader sur les plus ruineuses fantaisies, ne trouvant jamais assez de fenêtres
par où jeter leur argent. Le dernier écu
mort et enterré, ils recommencent à dîner
à la table d'hôte du hasard, où leur couvert

est toujours mis, et, précédés d'une meute
de ruses, braconnant dans toutes les in-
dustries qui se rattachent à l'art, chassent
du matin au soir cet animal féroce qu'on
appelle la pièce de cinq francs. Les bohèmes savent tout et vont partout, selon
qu'ils ont des bottes vernies ou des bottes
crevées. On les rencontre un jour accoudés
à la cheminée d'un salon du monde, et le
lendemain attablés sous les tonnelles des
guinguettes dansantes. Ils ne sauraient
faire dix pas sur le boulevard sans rencontrer un ami, et trente pas n'importe où
sans rencontrer un créancier. Vie de patience et de courage, où l'on ne peut lutter
que revêtu d'une forte cuirasse d'indiffé-
rence à l'épreuve des sots et des envieux,
où l'on ne doit pas, si l'on ne veut trébucher
en chemin, quitter un seul moment
l'orgueil de soi-même, qui sert de bâton
d'appui ; vie charmante et vie terrible,

qui a ses victorieux et ses martyrs, et dans
laquelle on ne doit entrer qu'en se ré-
signant d'avance à subir l'impitoyable loi
du *Væ victis* [1] !

Dieu nous préserve de déflorer par une
sèche et courte analyse le beau livre de
Henry Murger. Deux adorables types, dessinés de main de maître, ont fait la fortune
de l'œuvre. On devine que nous parlons
des portraits de mademoiselle Mimi et de
Musette.

En décidant Murger à écrire en prose,
Champfleury n'avait pu, fort heureusement, lui communiquer sa haine profonde
de la rime et la *chanson de Musette* est
une délicieuse réminiscence des premiers
débuts poétiques de l'auteur.

1. Préface de *la Vie de Bohème*, page 6 et suiv.

Nous étions bien heureux dans ta petite chambre,
Quand ruisselait la pluie et que soufflait le vent.
Assis dans le fauteuil, près de l'âtre, en décembre,
Aux lueurs de tes yeux j'ai rêvé bien souvent.

———

La houille pétillait. En chauffant sur les cendres,
La bouilloire chantait son refrain régulier,
Et faisait un orchestre au bal des salamandres
    Qui voltigeaient dans le foyer.

———

Feuilletant un roman, paresseuse et frileuse,
Tandis que tu fermais tes yeux ensommeillés,
Moi je rajeunissais ma jeunesse amoureuse,
Mes lèvres sur tes mains et mon cœur à tes pieds.

Cette vie d'amour sous la mansarde, au milieu de privations de tout genre, ne séduisit pas longtemps la volage Musette. Elle disparut, laissant Rodolphe dans les pleurs.

Il la retrouva plus tard, couverte de

plumes et vêtue comme une duchesse.

Autour de son bras blanc une perle choisie
Constelle un bracelet ciselé par Froment,
Et sur ses reins cambrés un grand châle d'Asie
En cascades de plis ondule artistement.

Hélas ! hélas ! ce n'est plus Musette, et les doux rêves d'autrefois ont disparu sans retour.

Pour moi, je t'aimais mieux dans tes robes de toile,
Printanière indienne ou modeste organdi,
Atour frais et coquet, simple chapeau sans voile,
Brodequins gris ou noirs, et col blanc tout uni.

Car ce luxe nouveau qui te rend si jolie
Ne me rappelle pas mes amours disparus,
Et tu n'es que plus morte et mieux ensevelie
Dans ce linceul de soie où ton cœur ne bat plus.

Alfred Vernet, neveu du grand peintre, inspiré par la *chanson de Musette*, composa sur les strophes un air charmant. Le judicieux éditeur du passage de l'Opéra, Bernard Latte, consentit à publier cette musique, mais à condition qu'on y appliquerait d'autres paroles.

Murger, en 1849, travaillait à *l'Événement* avec Champfleury[1] et Charles Hugo. Ce journal eut la primeur des *Amours d'Olivier*, autobiographie fort intéressante, où l'auteur donne indiscrètement une foule de détails que nous nous serions cru, à sa place, dans l'obligation de taire. On peut les lire où ils se trouvent. *Le Dix Décembre* publia quelque temps après *le Souper des funérailles*. Dans les *Scènes de la vie de jeunesse*, on retrouve ces deux

1. Champfleury publia dans ce journal *l'Apôtre Jupille*, histoire d'un monsieur qui voulait changer les hommes en leur faisant manger des légumes au lieu de viande. Cette nouvelle fait partie des *Excentriques*.

nouvelles, accompagnées de *Christine*, —
du *Fauteuil enchanté*, — de la *Fleur*
bretonne, et de sept à huit autres bluet-
tes pleines de fantaisie , de fraîcheur
et de grâce. On peut leur adresser le re-
proche d'être parfois légèrement im-
morales, mais c'est d'une immoralité sans
péril pour le cœur. Si nous pouvons nous
exprimer de la sorte, Murger a toute la
poésie de son ignorance religieuse, toute
la naïveté de son éducation faite au hasard.
C'est une bonne et franche nature qui n'a
point mûri au soleil des croyances, et l'on
sent qu'il y a de l'honnêteté dans sa dé-
moralisation même.

A l'époque où nous en sommes de son
histoire, Murger habitait un hôtel garni
de la rue Mazarine. En quittant la Bohème,
Oreste et Pylade n'avaient pas cru possible
de reprendre le ménage en commun.

4

Champfleury venait d'entamer avec Mariette la désolante épopée de ses amours,
et, comme la demoiselle avait légèrement
subi l'influence des prédications de Jean
Journet, on croyait devoir la tenir en
charté privée. Dans le même hôtel que
Murger demeurait le citoyen Proudhon.
L'auteur de *la Vie de Bohème*, coudoyant
de temps à autre, le long d'un corridor
sombre, un homme qui rentrait avec une
bouteille et un pain sous le bras, ne
devinait certes point le démolisseur
fougueux qui allait essayer bientôt de faire
de la société moderne un amas de dé-
combres. Voyant presque toutes les nuits
de la lumière chez ce personnage, il le
prenait pour un artisan laborieux qui sa-
crifiait au travail une partie des heures du
sommeil. Grande fut sa surprise, quand
l'homme au pain et à la bouteille devint
tout à coup un personnage en 1848.

M. Proudhon fonda *le Représentant du peuple.*

Lisant, un soir, un numéro de ce journal, Murger y trouve un article féroce contre l'intelligence et les lettres. Son voisin de chambre y déclarait en propres termes qu'un batelier du Tibre lui semblait préférable à l'auteur des *Orientales.* Cet article indigna profondément le jeune homme. Décidé à y répondre séance tenante, il cherche sa plume et ne la trouve point. En désespoir de cause, il s'adresse au propriétaire de l'hôtel pour en avoir une. Après cinq minutes de recherches inutiles, celui-ci n'en trouvant pas lui-même, s'écrie :

— Attendez ! je vais monter chez monsieur Proudhon, il y en a toujours.

— Bon ! fit Murger, ce sera plus drôle !

Et la plume du terrible socialiste servit à son éreintement dans *le Dix-Décembre*.

Un ami de Murger, Antoine Fauchery, jeune littérateur de mérite, qui depuis s'est expatrié pour aller chercher fortune dans la Nouvelle-Hollande[1], lui amena un jour Théodore Barrière. Cet écrivain dramatique, séduit par la lecture de *la Vie de Bohème*, venait proposer à Murger de mettre son livre en pièce. Déchiqueter romans et nouvelles pour les recoudre ensuite, aux lueurs de la rampe, est l'unique talent de messieurs du théâtre. Seu-

---

1. Il est, avec Murger, Vitu et Banville, auteur d'un roman par lettres intitulé *la Résurrection de Lazare*. Publiant ce livre comme suite aux *Amours d'Olivier*, l'éditeur Michel Lévy n'accepta que deux signatures sur le titre ; mais, dans la préface, Murger donne le nom de ses autres collaborateurs. Nous signalons ceci à M. Alexandre Dumas, comme principe élémentaire de l'honnêteté de la plume.

lement ils ne demandent pas toujours permission à l'auteur d'un livre, et gardent
pour eux le bénéfice des recettes. M. Barrière eut plus de conscience que la plu-
part de ses collègues. Henry Murger
accepta la collaboration qui lui était of-
ferte, — et les cinq actes de *la Vie de
Bohème* furent portés à Morin, directeur
des Variétés. Tous les artistes du théâtre
dénigrèrent la pièce et lui prédirent une
chute honteuse. Elle eut un succès pyra-
midal[1].

Au milieu des répétitions, Morin cessa
d'être directeur, et le spirituel Thibaudeau lui succéda. Rencontrant Barrière,
le soir même de son installation, il lui
dit :

[1]. Nos ex-bohémiens de la rue des Canettes assis-
tèrent à la première représentation, dans des loges
de face, en habit noir et en gants beurre frais.

— Vous avez une grande machine en répétition chez moi ?

— Oui, *la Vie de Bohème.*

—Diable !... ce sera ruineux à monter.

— Pourquoi donc ?

—La Bohème, mon cher, là Bohème !... J'ai visité les magasins tout à l'heure : il n'y a pas un seul costume hongrois !

Cet intelligent directeur était comme ses artistes, il ne croyait point au succès de l'œuvre. Surpris de voir les recettes se maintenir à mille écus pendant les quinze premiers jours, il attribua le gonflement de la caisse à l'habileté de son administration. Quand il voyait Murger, il s'écriait en lui frappant sur l'épaule d'un air protecteur :

— Eh bien, jeune homme, vous devez être content : nous la jouons, votre pièce !

Deux mois après, M. Thibaudeau refusa *le Bonhomme Jadis*, qui trouva refuge à la Comédie-Française. Aujourd'hui ce petit chef-d'œuvre de Murger a deux cents et quelques représentations. Buloz, après le retentissement de *la Vie de Bohème* appela le jeune auteur et lui demanda un MORCEAU (*sic*). Henry Murger lui envoya les premières feuilles du *Pays latin*.

— Mais, dit Buloz, vous ne voulez donc pas sortir de ce monde-là ?

— Qu'est-ce que ça vous fait, dit Murger, puisque vous vous appelez *la Revue des Deux Mondes ?*

Ce médiocre calembour fit sourire l'autocrate qui ouvre et ferme à volonté le

premier recueil littéraire de l'époque. Il
attacha Murger à la *Revue* par un traité
fort en règle et publia successivement *le
Pays latin*, *Adeline Protat* et *les Buveurs d'eau*. Michel Lévy a publié en volumes tout ce que Murger a donné à *la
Revue des Deux Mondes*, ainsi que plu-
sieurs autres ouvrages dont voici les titres : *le Dessous du panier*, — *Ballades
et fantaisies*, — *le Roman de toutes les
femmes*, — *Propos de ville et Propos de
théâtre*. Ce dernier livre se compose des
articles insérés jadis dans *le Corsaire*.

Des critiques affirment que Murger n'a
qu'une seule corde en littérature, et que
cette corde vibre éternellement d'un bout
à l'autre de ses livres. Selon nous, rien
n'est plus injuste que cette accusation.
Les Buveurs d'eau ressemblent à *la Vie
de Bohème* comme le drame ressemble à

la comédie. En retournant son idée sous
la face sérieuse, Murger a écrit bien réellement une œuvre nouvelle, où se ren-
contrent un véritable talent d'observation
et des aperçus philosophiques pleins de
profondeur. La grand'mère qui descend
aux humbles fonctions de femme de ménage pour aider ses petits-fils artistes est
un admirable type à la Balzac, et nous dé-
fions un romancier moderne d'écrire la
scène de la falaise, entre Hélène et Antoine, plus dramatiquement que ne l'a
fait Murger. *Adeline Protat* est une étude
réaliste, admirable de simplicité campa-
gnarde et de peinture naïve. Pour la première fois, l'auteur est d'une moralité
scrupuleuse dans les péripéties et dans le
dénoûment de son œuvre. Nous sommes
de l'avis du journal suisse qui écrivait un
jour :

« Henry Murger a été *lessivé* par *la Revue des Deux Mondes.* »

Quant à la Mariette du *Pays latin*, nous prions Murger et Champfleury de s'expliquer définitivement sur ce démon femelle. Si Fernand, — comme tout porte à le croire, — n'est autre que Murger lui-même, et si les deux Mariette ne sont qu'une seule et même femme, nous félicitons l'auteur du livre d'avoir providentiellement échappé au suicide; mais un pareil désespoir nous touche peu. L'expérience de Pylade aurait dû protéger Oreste.

Henry Murger avait une santé malheureusement compromise par les privations sans nombre, et un peu aussi par les excès de sa jeunesse. Quand il faisait partie de ce cénacle de bohèmes dont il a écrit la

navrante épopée, il lui arrivait souvent de
ne faire qu'un repas par jour, et Dieu sait
quel repas ! Un matin qu'il se promenait
au Jardin des Plantes avec un de ses amis
plus fortuné, celui-ci acheta un petit pain
d'un sou, et le donnant à son compa-
gnon :

— Tiens, lui dit-il, fais-en des lar-
gesses aux animaux qui ont tes sym-
pathies.

— En ce cas, répond Murger, je le
garde pour moi.

Sa plume triompha de la misère, mais
le succès ne put lui rendre ses forces
physiques presque éteintes. Au mois d'août
1858, il fut nommé chevalier de la Légion
d'honneur. Déjà sa santé ne lui permet-
tait plus, à cette époque, d'habiter Paris

qu'à de rares intervalles. Il résidait à Mar-
lotte, village situé à deux lieues de Fon-
tainebleau, tout au bord de la splendide
forêt tant aimée de nos artistes. Peu à
peu il sentit la vie l'abandonner, se ré-
concilia franchement avec la religion,
qu'il se plaignait d'avoir connue trop tard,
et mourut en chrétien.

Murger avait un esprit qui, pour ne pas
être de la première finesse, n'en avait pas
moins un cachet d'originalité remarqua-
ble.

Le mot lui partait souvent contre toutes
les règles des convenances et avec une
brutalité comique.

Une danseuse célèbre par sa maigreur
parlait devant quelques journalistes d'une
nouvelle œuvre chorégraphique en ré-
putation à l'Opéra.

— Et quel rôle jouez-vous dans ce ballet ? demanda un des auditeurs.

— Naturellement celui du manche, répondit Murger.

Invité à une soirée que donnait un bas-bleu trop connu, il y alla, mais de mauvaise humeur, car il avait diné avec son libraire, dont la bourse s'était montrée inflexible. Il ne desserra, pour ainsi dire, pas les dents.

La dame du lieu, en désespoir de cause, à la fin de la soirée, lui présente un album.

— Beaucoup de nos illustrations, dit-elle, ont laissé tomber sur ces feuilles de vélin les diamants de leur pensée, ne voulez-vous pas ajouter un joyau à l'écrin ?

— Volontiers, madame.

Il se met en devoir d'écrire.

Notre bas-bleu prend un flambeau pour l'éclairer. Tout à coup la bougie lui échappe des mains et, en tombant, enflamme sa robe. Murger se jette à genoux, et serrant la dame entre ses bras, réussit à étouffer presque aussitôt la flamme.

— Voilà, dit quelqu'un, Hercule aux pieds d'Omphale.

— Oui, murmure l'auteur de *la Vie de Bohème* en se relevant; mais je viens de voir les fuseaux, et je file!

J'ai beaucoup connu Henry Murger. C'était une âme candide et d'une inaltérable douceur, un esprit loyal qui ne soupçonnait ni le déguisement ni le mensonge.

Sa modestie égalait sa franchise.

Il est mort trop tôt pour sa gloire.

Comme Alfred de Musset, s'il n'a pas achevé son œuvre, il a montré ce qu'il aurait pu faire, si Dieu lui avait laissé de plus longs jours.

949.— Paris.— Imp. H. CARION, r. Bonaparte, 67.

CATALOGUE

DE LA LIBRAIRIE

DES CONTEMPORAINS

13, RUE DE TOURNON

Spécialement destinée à la publication et à la
vente des œuvres

De M. Eugène de Mirecourt

LE FLAMBEAU

SYSTÈME D'ÉCLAIRAGE POLITIQUE ET LITTÉRAIRE

Par Eugène de Mirecourt

JOURNAL-VOLUME de dix ou douze feuilles
d'impression, paraissant par *fantaisie*, par
boutade et sans aucune périodicité.

Prix : 2 francs.

Envoi franco contre timbres-poste.

On peut s'abonner d'avance pour cinq
brochures, en envoyant un mandat de *Dix
francs* au Directeur de la LIBRAIRIE DES
CONTEMPORAINS, 13, rue de Tournon.

LES
JÉSUITES

PAR

J. D'ARSAC.

(2ᵉ édition.)

——————

LES

CONTEMPORAINS

TROISIÈME ÉDITION

Revue par l'Auteur avec le plus grand soin,
contenant cent Notices nouvelles, et ornée de
portraits dessinés d'après les meilleures pho-
tographies.

——————

EN VENTE :

1ʳᵉ Série.

Julés Favre. — Victor Hugo. — Berryer. — Le Père Félix. — Balzac. — Chateaubriand. — Odilon Barrot. — Villemessant. — Dumas père. — Le bibliophile Jacob (Paul Lacroix). — Auber. — Offenbach. — Rosa Bonheur. — Émile de Girardin. — Mgr Dupanloup. — Rose Chéri. — Bouffé. — Timothée Trimm. — Gérard de Nerval. — Eugène Guinot. — Gavarni. — Théophile Gautier. — Crémieux. — Garibaldi. — Sainte-Beuve. — Paul de Kock. — Jules Janin. — Barbès. — Lacordaire. — Guizot. — Lamartine. — Béranger. — Lamennais. — Charles Monselet. — Ponsard. — Augustine et Madeleine Brohan. — Cavour. — L'Impératrice Eugénie. — Bismark. — Ingres. — Alphonse Karr. — Mazzini. — Canrobert. — François Arago. — Armand Marrast. — Havin. — Méry. — Victor Cousin. — Mᵐᵉ Arnould Plessy. — Élie Berthet. — Étienne Arago. — Arnal. — Adolphe Adam. — Cormenin. — Mélingue. — Pie IX. — Louis Veuillot. — Mérimée. — George Sand. — Henry Monnier. — Félicien David.

SOUS PRESSE :

2ᵉ Série.

Alfred de Musset. — Raspail. — Thiers. — Pierre Leroux. — Ricord. — Rochefort. — Edmond About. — Carnot. — Changarnier. — Villemain. — Beauvallet. — Dupin. — Murger. — Scribe, etc.

LISTE

BIOGRAPHIES NOUVELLES

Qui doivent être publiées

Émile Augier.

Théodore Barrière.

Buloz.

Roger de Beauvoir.

M. et Mme Ancelot.

Camille Doucet.

Got (de la Comédie française.)

Bressant.

Garnier Pagès.

Flocon.

Caussidière.

Le Père Enfantin.

Cabet.

Taxile Delort.

L'abbé Châtel.

Vte d'Arlincourt.

Lachaud.

Louis Figuier.

Ponson du Terrail.

Gaboriau.

Ernest Hamel.

Legouvé.

Rénan.

Édouard Pailleron.

Pongerville.

Gran. de Cassagnac.

Capefigue.

Fiorentino.

Octave Féré,   Siraudin.

Daniel Stern.   Taine.

Chaix d'Est-Ange.   Gambetta.

Jules de Saint-Félix. Jules Simon.

Julia Grisi.   Picard.

Bancel.   Marc-Fournier.

Ernest Feydeau.   Charles Deslys.

Paul de Cassagnac.   Morny.

Clément Duvernois. Napoléon III.

Etc., etc.

Il paraîtra régulièrement deux Biographies par semaine.

PRIX DU VOLUME : 50 CENT.

Par la poste : 60 cent.

On trouve les **Contemporains** de M. Eugène de Mirecourt chez tous les libraires de France et de l'étranger.

PAR SOUSCRIPTION

Les personnes qui, pour recevoir **VINGT BIOGRAPHIES** au choix, enverront un mandat de **DIX FRANCS** sur la poste, auront droit à l'envoi direct, et *franco*.

Celles qui s'abonneront à la première série de cinquante volumes, ou qui prendront quarante Biographies au choix dans la Collection, auront droit à recevoir comme **PRIME** et *Franco*, la première livraison du **FLAMBEAU, système d'éclairage politique et littéraire**, annoncé en tête de ce Catalogue. — (Envoyer les mandats au Directeur de la Librairie des Contemporains, 13, rue de Tournon.)

———

La librairie fait imprimer de nouvelles éditions de l'*Impératrice Eugénie*, — d'*Auber*, - *Offenbach*, — et de *Villemessant*.

———

Vient de paraître :

LA POLOGNE,

Son calvaire, ses représailles,

PAR L'ABBÉ P. HUOT,

du Clergé de Paris, Chanoine honoraire, etc.

———

871 — Paris. — Impr. H. Carion, r. Bonaparte, 64

EN VENTE :

1re Série.

Jules Favre. — Victor Hugo. — Berryer. — Balzac. — Le Père Félix. — Châteaubriand. — Odilon Barrot. — Villemessant. — Dumas père. — Le bibliophile Jacob (Paul Lacroix). — Auber. — Offenbach. — Gavarni. — Rosa Bonheur. — Emile de Girardin. — Mgr Dupanloup. — Rose Chéri. — Bouffé. — Timothée Trimm. — Gérard de Nerval. — Eugène Guinot. — Crémieux. — Théophile Gautier. — Garibaldi. — Sainte-Beuve. — Paul de Kock. — Jules Janin. — Barbès. — Lacordaire. — Guizot. — Lamartine. — Béranger. — Lamennais. — Charles Monselet. — Ponsard. — Augustine et Madeleine Brohan. — Cavour. — L'Impératrice Eugénie. — Bismark. — Iugres. — Alphonse Kar. — Mazzini. — Canrobert. — François Arago. — Armand Marrast. — Havin. — Méry. — Victor Cousin. — Mme Arnould Plessy. — Elie Berthet. — Etienne Arago. — Arnal. — Adolphe Adam. — Cormenin. — Mélingue.

2e Série.

Pie IX.   Ricord
Louis Veuillot.   Raspail.
Mérimée.   Rochefort.
George Sand.   Ed. About. — Carnot. —
Henri Monnier.   Changarnier.
Félicien David.   Villemain.
Alfred de Musset.   Beauvallet.
Pierre Leroux.   Michelet.
Thiers.   Dupin.

Paris. — Imprimerie H. Carion, 64. rue Bonaparte.

www.ingramcontent.com/pod-product-compliance
Lightning Source LLC
LaVergne TN
LVHW022118080426
835511LV00007B/884